SUPPEN & EINTÖPFE fürs ganze Jahr

ISABELLA GREY

SUPPEN
&
EINTÖPFE
fürs ganze Jahr

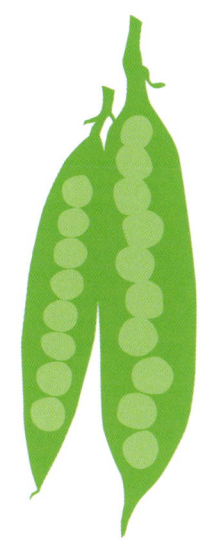

Jan Thorbecke Verlag

VERLAGSGRUPPE PATMOS

PATMOS
ESCHBACH
GRÜNEWALD
THORBECKE
SCHWABEN

Die Verlagsgruppe
mit Sinn für das Leben

Für die Schwabenverlag AG ist Nachhaltig-
keit ein wichtiger Maßstab ihres Handelns.
Wir achten daher auf den Einsatz umwelt-
schonender Ressourcen und Materialien.
Dieses Buch wurde auf FSC®-zertifiziertem
Papier gedruckt. FSC (Forest Stewardship
Council®) ist eine nicht staatliche,
gemeinnützige Organisation, die sich für
eine ökologische und sozial verantwortliche
Nutzung der Wälder unserer Erde einsetzt.

Gestaltung: Finken & Bumiller, Stuttgart,
Chandima Soysa
Druck: Süddeutsche Verlagsgesellschaft,
Ulm
Hergestellt in Deutschland
ISBN 978-3-7995-0771-4

INHALT

ALLES GUTE
AUS EINEM TOPF

Suppen sind ein Stück Geborgenheit. Ob als
Vorspeise, Mittag- oder Abendessen, Hausmittel
bei Erkältung, als Abkühlung und leichter Genuss
im Sommer, als herzhaft-deftige Wärmequelle zur
Herbst- und Winterzeit oder als süße Versuchung
für Groß und Klein in Form eines Desserts –
Suppen und Eintöpfe sind der rote Faden, der sich
das ganze Jahr über durch unseren Speiseplan
zieht. Sie sind ein treuer Begleiter, der sich den
kulinarischen Bedürfnissen flexibel anpasst.
Viele von uns verbinden mit ihnen schöne Kind-
heitserinnerungen an das Zusammensein mit der
Familie. Für andere ist die Sonntagssuppe eine
herrliche alte Tradition, die von Generation zu
Generation übernommen und fortgeführt wird.
Andere wiederum empfinden es als äußerst
praktisch, eine schnelle und schmackhafte
Mahlzeit zu genießen, die sich ohne größeren
Aufwand zubereiten lässt und obendrein noch
alle wichtigen Nährstoffe enthält, die der Körper
braucht. Und für alle, die sich mal wieder richtig
satt essen wollen, ohne nachträglich das Gefühl
zu haben, ihnen liege ein Findling im Magen, ist
eine schöne Suppe mit Einlage oder ein kräftiger
Eintopf genau das Richtige.
Man sieht also: Suppen und Eintöpfe sind etwas
für Jedermann.

JEDEN TAG
EINE NEUE SUPPE?

Eine wirklich gute Suppe ist keine Zauberei,
sondern eine Kunst.

Der eine mag es, wenn sie samtig-weich den
Gaumen kitzelt, während der andere ein farben-
frohes Durcheinander im Topf bevorzugt, welches
durch seine kräftigen Zutaten und sättigende
Eigenschaft besticht.

Aber in einem Punkt sind sich alle Suppenlieb-
haber einig: Das Wichtigste ist und bleibt die
liebevolle Zubereitung.

Bei allen, die einfach nicht genug von ihren ganz
persönlichen Lieblingen in die Suppenschale
kriegen können, und all jenen, die erst noch ihren
Favoriten entdecken wollen, wird dieses Buch
nicht mehr aus der Küche wegzudenken sein.

Die Rezepte vereinen neue Kreationen und alt
bewährte Klassiker in einem frischen Look und
liefern Ihnen Ideen für köstliche Suppen und
schmackhafte Eintöpfe für das ganze Jahr.

DIE FRÜHLINGS-FRISCHEN

Wenn auch der letzte Schnee der warmen Frühjahrssonne gewichen ist und die ersten zarten Knospen von den morgendlichen Sonnenstrahlen aus ihrem Versteck gelockt werden, dann ist es wieder an der Zeit für Frisches auf dem Tisch.

Was käme da gelegener als ein leckerer Eintopf mit knackigem Frühlingsgemüse, während draußen das launige Aprilwetter tobt? Oder ein zartes Spargelcremesüppchen, um die Saison einzuleiten?

KUNTERBUNTER FRÜHLINGSEINTOPF

4 Personen
Zubereitung: 45 Minuten

Einkaufsliste
4 Kartoffeln
3 Möhren
2 Stangen Frühlingslauch
300 g Brokkoli
200 g gemischtes Hackfleisch
1 TL süßes Paprikapulver
Sonnenblumenöl
1,5 l Fleischbrühe
1 Ei
3 Stängel Kerbel
6 Stängel glatte Petersilie
Salz
schwarzer Pfeffer
Zucker
1 TL gemahlener Kümmel
1 EL Butter

1 Die Kartoffeln und die Möhren schälen, den Frühlingslauch und den Brokkoli waschen und putzen. Die Kartoffeln würfeln, die Möhren grob raspeln. Den Frühlingslauch in Ringe schneiden, den grünen Teil beiseitelegen. Den Brokkoli in mundgerechte Stücke zerteilen.

2 Das Hackfleisch mit dem Paprikapulver würzen und mit etwas Öl krümelig braten. Die Fleischbrühe in einem Suppentopf erhitzen, die Kartoffeln dazugeben und ca. 20 Minuten kochen. Die Möhren und den Brokkoli hinzufügen und weitere 10 Minuten köcheln lassen.

3 Das Ei aufschlagen, langsam unterrühren und das gebratene Hackfleisch dazugeben.

4 Den Kerbel und die Petersilie waschen, trocken schütteln, fein hacken und zum Eintopf geben.

5 Mit Salz, Pfeffer, Zucker, Kümmel und Butter abschmecken. Auf Teller verteilen und mit grünen Lauchringen garnieren.

GRÜNE SPARGELCREMESUPPE

4 Personen
Zubereitung: 20 Minuten +
10 Minuten Garzeit

Einkaufsliste
300 g grüner Spargel
1 Zitrone
Salz
1 Schalotte
1 Knoblauchzehe
Olivenöl
100 ml Sahne
50 g eiskalte Butter
weißer Pfeffer
Zucker
frisch geriebene Muskatnuss
200 g Parmaschinken
Pecorino zur Garnitur

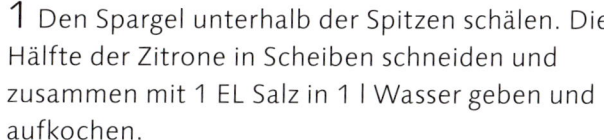

1 Den Spargel unterhalb der Spitzen schälen. Die Hälfte der Zitrone in Scheiben schneiden und zusammen mit 1 EL Salz in 1 l Wasser geben und aufkochen.

2 Die Spargelstangen 10 Minuten in dem Sud garen, herausnehmen, die Spitzen abschneiden und beiseitelegen. Den übrigen Spargel in Stücke schneiden.

3 Die Schalotte und den Knoblauch schälen, fein hacken und in Olivenöl anschwitzen. Die Spargelstücke dazugeben und kurz anbraten. Mit 500 ml Spargelfond ablöschen.

4 Die Suppe kurz aufkochen lassen und mit einem Mixstab pürieren, dabei zeitgleich die Sahne dazugießen und die kalte, in Würfel geschnittene Butter nach und nach einmixen.

5 Die Suppe mit Salz, Pfeffer, Zitronensaft, Zucker und Muskat abschmecken.

6 Den Parmaschinken in dünne Streifen schneiden und in wenig Olivenöl anbraten. Die Spargelspitzen dazugeben. Alles zusammen kurz durchschwenken und mit Pfeffer würzen.

7 Die Suppe auf Teller verteilen, die Parmaschinkenstreifen und die Spargelspitzen daraufgeben und etwas Pecorino darüberhobeln.

LAUCHCREMESUPPE
mit Kräutercroûtons

4 Personen
Zubereitung: 30 Minuten

Einkaufsliste
10 Stangen Frühlingslauch
1 Zwiebel
1 EL Butter
Olivenöl
250 ml Milch
250 g körniger Frischkäse
weißer Pfeffer
Salz
frisch gepresster Zitronensaft
Worcestersoße
Zucker
frisch geriebene Muskatnuss
2 EL Crème fraîche
3 Scheiben Toast
½ TL Kräuter der Provence

1 Den Frühlingslauch waschen, putzen und in Ringe schneiden. Die Zwiebel schälen und fein würfeln. Die Butter und etwas Olivenöl in einem Suppentopf erhitzen und die Zwiebelwürfel darin anschwitzen. Den weißen Teil der Lauchringe dazugeben und andünsten.

2 Mit der Milch ablöschen und aufkochen. Den Frischkäse unterrühren, die Suppe mit dem Stabmixer pürieren und 15 Minuten köcheln lassen.

3 Die grünen Lauchringe unterrühren. Pfeffern, salzen und mit Zitronensaft, Worcestersoße, Zucker und Muskat abschmecken. Zum Schluss mit Crème fraîche verfeinern.

4 Die Toastscheiben würfeln und mit Olivenöl anrösten. Sobald die Brotwürfel beginnen zu bräunen, Kräuter der Provence darüberstreuen und weiterrösten, bis sie goldbraun sind.

5 Die Suppe auf Teller geben und die Croûtons auf der Suppe verteilen.

KAROTTENSÜPPCHEN
mit pochierten Eiern

4 Personen
Zubereitung: 25 Minuten

Einkaufsliste
10 Karotten
2 Kartoffeln
8 Blätter Salbei
½ Bund glatte Petersilie
Olivenöl
2 EL Honig
1 EL Kreuzkümmel
1,5 l Gemüsebrühe
2 EL Tafelessig
Salz
4 Eier
schwarzer Pfeffer

1 Die Karotten und die Kartoffeln schälen. Die Kartoffeln in 1 cm große Würfel schneiden und die Karotten grob raspeln. Den Salbei und die Petersilie waschen, trocken schütteln und getrennt voneinander fein hacken.

2 Die geraspelten Karotten und Kartoffelwürfel in etwas Olivenöl anschwitzen, den Honig, den Kreuzkümmel und den Salbei dazugeben und leicht anrösten.

3 Mit der Gemüsebrühe ablöschen und 15 Minuten köcheln lassen.

4 In der Zwischenzeit 1 l Wasser mit Essig und 2 TL Salz in einen Topf geben und aufkochen. Mit einem Kochlöffel einen Strudel in dem heißen Wasser erzeugen. Dann sofort ein Ei in eine Schöpfkelle aufschlagen und dieses in die Mitte des Strudels gleiten lassen.

5 Diesen Vorgang mit den übrigen Eiern wiederholen, den Topf von der Herdplatte nehmen und die Eier noch ca. 5–7 Minuten ziehen lassen.

6 Währenddessen die Suppe mit Salz und Pfeffer abschmecken. Die pochierten Eier mit einer Schaumkelle aus dem Essigwasser nehmen und das überschüssige Eiweiß entfernen.

7 Die Suppe auf Teller verteilen, jeweils ein pochiertes Ei in die Mitte geben und Petersilie darüberstreuen.

REISEINTOPF
mit würzig zartem Hühnerfleisch

4 Personen
Zubereitung: 25 Minuten

Einkaufsliste
2 Hühnerbrüste
2 EL Honig
1 TL Cayennepfeffer
Salz
bunter Pfeffer
Olivenöl
1 Schalotte
2 Möhren
2 Stangen Staudensellerie
1 EL süßes Paprikapulver
1,5 l Hühnerbrühe
½ Bund glatte Petersilie
¼ Bund Koriander
400 g gekochter Langkornreis
Zucker
½ TL Kreuzkümmel
Chiliflocken

1 Die Hühnerbrüste in mundgerechte Stücke schneiden und mit Honig, Cayennepfeffer, Salz, Pfeffer und Olivenöl marinieren.

2 Die Schalotte und die Möhren schälen. Den Stauden waschen, putzen und in 1 cm breite Scheiben schneiden. Die Möhren klein würfeln und die Schalotte in Ringe schneiden.

3 Die Möhrenwürfel, die Schalottenringe und die Selleriescheiben in Olivenöl anschwitzen, das Paprikapulver dazugeben und alles leicht anrösten.

4 Mit Hühnerbrühe ablöschen und 10 Minuten köcheln lassen.

5 In der Zwischenzeit die Petersilie und den Koriander waschen, trocken schütteln und grob hacken. Die Hälfte der Kräuter beiseitelegen, die andere Hälfte mit dem Reis zusammen zum Eintopf geben und einmal aufkochen lassen.

6 Das Hühnerfleisch mit etwas Olivenöl 5 Minuten scharf anbraten. Nebenbei den Eintopf mit Salz, Pfeffer, Zucker, Kreuzkümmel und Chiliflocken abschmecken.

7 Den Eintopf auf Teller verteilen, das Hühnerfleisch darübergeben und die restlichen Kräuter daraufstreuen.

HERZHAFTER GRAUPENEINTOPF

4 Personen
Zubereitung: 50 Minuten +
12 Stunden Einweichzeit

Einkaufsliste
250 g Perlgraupen
3 Möhren
1 Kohlrabi
3 Kartoffeln
1 Knoblauchzehe
1,5 l Gemüsebrühe
1 Stange Porree
4 Wirsingblätter
400 g Schweinehack
Salz
bunter Pfeffer
Zucker
Olivenöl

1 Die Graupen waschen, mit kochendem Wasser überbrühen und über Nacht einweichen. Danach in ein Sieb gießen, mit Wasser durchspülen und ausreichend abtropfen lassen.

2 Die Möhren, den Kohlrabi, die Kartoffeln und den Knoblauch schälen. Die Möhren in Scheiben schneiden, die Kartoffeln mundgerecht würfeln, den Kohlrabi in 1 cm breite Stifte schneiden und den Knoblauch fein hacken.

3 Die Gemüsebrühe erhitzen und die Graupen, die Kartoffelwürfel und die Möhrenscheiben hineingeben und 20 Minuten köcheln lassen.

4 Währendessen den Porree putzen, waschen, in 2 cm breite Ringe schneiden und die Wirsingblätter ebenfalls waschen und in daumenstarke Streifen schneiden.

5 Die Kohlrabistifte zur Suppe geben und weitere 10 Minuten garen. In der Zwischenzeit Hackfleisch mit Knoblauch, Salz, Pfeffer und Zucker würzen und in Olivenöl krümelig braten.

6 Die Porreeringe und die Wirsingstreifen zum Eintopf geben und 5 Minuten ziehen lassen. Anschließend das Hackfleisch dazugeben und den Eintopf mit Salz, Pfeffer und Zucker abschmecken.

FEINES SPINATSÜPPCHEN

4 Personen
Zubereitung: 25 Minuten

Einkaufsliste
1 Zwiebel
1 Knoblauchzehe
500 g Blattspinat
¼ Bund Basilikum
1 Zitrone
Olivenöl
750 ml Gemüsebrühe
100 g Vollkornbrot
Salz
½ Becher Schmant
½ Becher Crème fraîche
weißer Pfeffer
Zucker
frisch geriebene Muskatnuss
4 EL Frischkäse

1 Die Zwiebel und den Knoblauch schälen und fein hacken. Den Spinat und das Basilikum waschen und trocken schütteln. Die Schale der Zitrone abraspeln.

2 Die Zwiebeln und den Knoblauch in Olivenöl anschwitzen und die Basilikumblätter, den Zitronenabrieb und den Spinat dazugeben. Sobald der Spinat zusammengefallen ist, mit Brühe ablöschen und 5 Minuten köcheln lassen.

3 In der Zwischenzeit das Brot in hauchdünne Scheiben schneiden und, mit reichlich Olivenöl beträufelt und mit Salz bestreut, in einer Pfanne knusprig braten.

4 Den Schmant in die Suppe rühren und alles mit einem Pürierstab mixen.

5 Die Crème fraîche dazugeben und mit Salz, Pfeffer, Zucker, einem Spritzer Zitronensaft und Muskat abschmecken.

6 Vier Nocken aus Frischkäse formen, die Suppe auf Teller geben, jeweils eine Frischkäsenocke darauf setzen, die Brotchips hineinstecken und mit Olivenöl beträufeln.

GEMÜSEEINTOPF
klar oder deftig

4 Personen
Zubereitung: 45 Minuten

Einkaufsliste
½ **Blumenkohl**
1 **Kartoffel**
2 **Möhren**
1 **Kohlrabi**
Olivenöl
1,5 l **Gemüsebrühe**
200 g **tiefgekühlte Erbsen**
½ **Bund Bärlauch**
½ **Bund glatte Petersilie**
Salz
schwarzer Pfeffer
Zucker
frisch geriebene Muskatnuss
1 **Ei (optional)**
1 EL **Butter**
100 g **Frühstücksspeck**

1 Den Blumenkohl putzen, waschen und in kleine Röschen teilen. Die Kartoffel, die Möhren und den Kohlrabi schälen und in 2 cm große Würfel schneiden.

2 Die Kartoffel-, Möhren- und Kohlrabiwürfel in Olivenöl anbraten, mit Gemüsebrühe ablöschen und 10 Minuten köcheln lassen. Die Blumenkohlröschen und Erbsen dazugeben und weitere 10 Minuten köcheln lassen.

3 In der Zwischenzeit den Bärlauch und die Petersilie waschen, trocken schütteln und fein hacken.

4 Wenn das Gemüse gar ist, die Kräuter dazugeben und den Eintopf mit Salz, Pfeffer, Zucker und Muskat abschmecken.

5 Für die deftige Variante ein Ei in den heißen Eintopf einrühren und mit Butter verfeinern.

6 Den Frühstücksspeck in Würfel schneiden und knusprig braten.

7 Den Eintopf auf Teller geben und den knusprigen Frühstücksspeck darüber verteilen.

LEICHTE CHAMPIGNONCREMESUPPE

4 Personen
Zubereitung: 30 Minuten

Einkaufsliste
1 Zwiebel
1 Knoblauchzehe
200 g braune Champignons
200 g weiße Champignons
2 Zweige Thymian
Olivenöl
Butter
200 ml Weißwein
500 ml Gemüsebrühe
Salz
weißer Pfeffer
1 TL Kräuter der Provence
½ Becher Crème double
1 EL Worcestersoße
frisch gepresster Zitronensaft
Zucker

1 Die Zwiebel und den Knoblauch schälen und fein hacken. Die Pilze abbürsten, die braunen Champignons in dünne Scheiben schneiden und die weißen Champignons vierteln.

2 Den Thymian waschen, trocken schütteln und fein hacken. Den Knoblauch, die Zwiebeln und die weißen Champignons in Olivenöl und etwas Butter anschwitzen.

3 Den Thymian dazugeben und einige Minuten leicht anrösten. Mit dem Weißwein ablöschen, mit Gemüsebrühe aufgießen und 10 Minuten köcheln lassen.

4 In der Zwischenzeit die braunen Champignonscheiben in Olivenöl anbraten, bis sie knusprig braun sind. Mit Salz, Pfeffer und Kräutern der Provence würzen.

5 Die Crème double und die Worcestersoße zur Suppe geben und alles mit einem Pürierstab mixen. Mit Salz, Pfeffer, Zitronensaft und Zucker abschmecken.

6 Die Suppe auf Teller verteilen und die gebratenen Champignonscheiben darübergeben.

PORREE-SELLERIE-SUPPE
mit Knödeleinlage

4 Personen
Zubereitung: 40 Minuten +
15 Minuten Garzeit

Einkaufsliste
4 Scheiben Roggenbrot
200 ml Milch
¼ Bund glatte Petersilie
1 Ei
Salz
schwarzer Pfeffer
frisch geriebene Muskatnuss
½ Sellerie
½ kg Porree
Olivenöl
Butter
1 TL getrockneter Majoran
1 EL Honig
750 ml Gemüsebrühe
½ Becher Crème fraîche
Zucker
Worcestersoße
Chiliflocken
½ Bund Schnittlauch

1 Das Brot in Würfel schneiden und mit der Milch aufweichen. Die Petersilie waschen, trocken schütteln, grob hacken und zusammen mit dem Ei unter die Brotwürfel verkneten.

2 Die Masse mit Salz, Pfeffer und Muskat abschmecken, mit nassen Händen vier Knödel daraus formen und diese in kochendes Wasser geben und garen, bis sie an der Oberfläche schwimmen.

3 Den Sellerie schälen und klein würfeln. Den Porree putzen, waschen und in Ringe schneiden. Beides zusammen in Olivenöl und Butter anschwitzen.

4 Den Majoran und den Honig zufügen, das Gemüse leicht anrösten, mit Gemüsebrühe ablöschen und 15 Minuten köcheln lassen.

5 Die Crème fraîche einrühren und mit dem Pürierstab mixen. Anschließend mit Salz, Pfeffer, Zucker, Worcestersoße, einer Prise Chiliflocken und Muskat abschmecken.

6 Den Schnittlauch waschen, trocken schütteln und fein hacken. Nebenbei etwas Butter in eine Pfanne geben und die Knödel darin goldbraun braten.

7 Die Suppe auf Teller verteilen, die Knödel halbieren, daraufgeben und mit Schnittlauch bestreuen.

DIE
SONNEN-
ANBETER

Endlich ist es wieder so weit! Die Temperaturen auf dem Thermometer klettern von Tag zu Tag höher, und die Luft beginnt in der Mittagshitze zu flimmern. Da hilft nur noch eine schnelle Abkühlung in Form von Eis oder einem beherzten Sprung ins kühle Nass.

Doch wie erfrischt man sich innerlich und stillt dabei noch seinen Appetit auf vollreife Früchte oder Gemüse und aromatisch duftende Kräuter aus dem eigenen Garten? Ganz einfach – mit leichten Suppen und Kaltschalen, die mit kühlem Köpfchen zubereitet wurden.

GAZPACHO
warm oder kalt serviert

4 Personen
Zubereitung: 10 Minuten

Einkaufsliste
1 Möhre
1 Schalotte
2 Knoblauchzehen
½ rote Zwiebel
½ Salatgurke
4 Fleischtomaten
1 rote Chili
250 ml Tomatensaft
250 ml Karottensaft
½ Bund Basilikum
2 EL Tomatenmark
1 TL süßes Paprikapulver
1 EL dunkler Balsamico
Salz
schwarzer Pfeffer
Zucker
frisch gepresster Zitronensaft
Olivenöl
geröstetes Sesamöl

1 Die Möhre, die Schalotte, den Knoblauch und die Zwiebel schälen. Die Möhre zusammen mit der Gurke, der Schalotte, der Zwiebel und den Tomaten grob würfeln. Die Chilischote der Länge nach halbieren, die Kerne entfernen und mit dem übrigen Gemüse und den Knoblauchzehen in einen Messbecher geben.

2 Den Tomaten- und Karottensaft dazugießen und alles mit einem Pürierstab mixen.

3 Das Basilikum waschen, trocken schütteln und gemeinsam mit dem Tomatenmark, dem Paprika-pulver und dem Balsamico kurz untermixen.

4 Die Suppe mit Salz, Pfeffer, Zucker, Zitronen-saft und Olivenöl abschmecken.

5 Entweder mit Eiswürfeln gekühlt oder vor-sichtig erwärmt mit einigen Tropfen Sesamöl beträufelt servieren.

CURRY-ZUCCHINI-SUPPE

4 Personen
Zubereitung: 30 Minuten

Einkaufsliste
3 Kartoffeln
2 Möhren
2 Schalotten
2 Zucchini
1 EL Butter
Olivenöl
1 EL Curry
2 EL Honig
1 l Gemüsebrühe
200 ml Karottensaft
200 ml Sonnenblumenöl
Salz
bunter Pfeffer
Zucker
4 TL Schmant

1 Die Kartoffeln, die Möhren, die Schalotten und die Zucchini schälen. Die Zucchinischalen beiseitelegen. Die Schalotten fein hacken und die Kartoffeln, die Möhren und die Zucchini getrennt würfeln.

2 Die Butter mit dem Olivenöl in einem Suppentopf zerlassen und die Schalotten darin glasig dünsten. Die Zucchini ca. 2 Minuten mitdünsten. Die Kartoffeln und die Möhren dazugeben und alles kräftig anschwitzen. Mit Curry und Honig würzen und 1 Minute weiterdünsten. Mit Brühe und Saft ablöschen und 20 Minuten kochen lassen.

3 Inzwischen die Zucchinischalen in dünne Streifen schneiden und das Sonnenblumenöl in einer Pfanne erhitzen. Die Zucchinistreifen knusprig frittieren und auf Küchenpapier abtropfen lassen.

4 Die Suppe mit einem Stabmixer pürieren und mit Salz, Pfeffer und Zucker abschmecken.

5 Auf Teller geben, den Schmant darauf verteilen und mit den frittierten Zucchinischalen bestreuen.

ERBSENCREMESÜPPCHEN

4 Personen
Zubereitung: 40 Minuten

Einkaufsliste
1 Kartoffel
1 Schalotte
1 Knoblauchzehe
Butter
400 g tiefgefrorene Erbsen
1 TL getrockneter Majoran
1 Zweig Thymian
200 ml Weißwein
750 ml Gemüsebrühe
¼ Bund glatte Petersilie
½ Becher Crème fraîche
Salz
weißer Pfeffer
Zucker
frisch gepresster Zitronensaft
frisch geriebene Muskatnuss

1 Die Kartoffel, die Schalotte und den Knoblauch schälen und alles zusammen klein würfeln und mit Butter kräftig anschwitzen. Die Erbsen, den Majoran und den Thymian dazugeben und mit dem Weißwein ablöschen.

2 Mit der Brühe aufgießen und 20–30 Minuten abgedeckt köcheln lassen.

3 In der Zwischenzeit die Petersilie waschen, trocken schütteln und fein hacken.

4 Wenn das Gemüse gar ist, den Thymianzweig herausnehmen und die Suppe pürieren. Die Hälfte der Crème fraîche unterrühren und anschließend mit Salz, Pfeffer, Zucker, Zitronensaft und Muskat abschmecken.

5 Die Suppe auf Teller verteilen, die übrige Crème fraîche darauf verteilen und die Petersilie darüberstreuen.

KALTES GURKENSCHAUMSÜPPCHEN

4 Personen
Zubereitung: 20 Minuten

Einkaufsliste
1 Salatgurke
1 Stange Frühlingslauch
4 Stängel Dill
2 Stängel Schnittknoblauch
8 Blätter Borretsch
1 Knoblauchzehe
250 ml Milch
150 g Magerquark
2 EL Crème fraîche
2 EL Olivenöl
frisch gepresster Zitronensaft
Meersalz
schwarzer Pfeffer
½ TL Wasabipaste
Zucker

1 Die Salatgurke und den Frühlingslauch waschen, putzen und in grobe Stücke schneiden. Den Dill, den Schnittknoblauch und den Borretsch getrennt voneinander waschen, trocken schütteln und fein hacken.

2 4 TL Borretsch beiseitelegen.

3 Den Knoblauch schälen und mit der Gurke, dem Frühlingslauch, der Milch und dem Quark in einen Messbecher geben und mit dem Stabmixer pürieren.

4 Mit Crème fraîche, Olivenöl, Zitronensaft, Salz, Pfeffer, Wasabipaste und Zucker abschmecken. Den Dill, den Borretsch und den Schnittknoblauch dazugeben und mit dem Stabmixer schaumig mixen.

5 Die Suppe auf Suppenschalen verteilen und den beiseitegelegten Borretsch daraufstreuen.

AVOCADOSUPPE
mit mariniertem Feldsalat und gerösteten Pinienkernen

4 Personen
Zubereitung: 40 Minuten

Einkaufsliste
1 Schalotte
1 Knoblauchzehe
1 rote Chili
1 Zitrone
2 Avocados
½ Becher Crème fraîche
500 ml Gemüsebrühe
Salz
schwarzer Pfeffer
½ TL scharfes Paprikapulver
Zucker
frisch geriebene Muskatnuss
1 TL rosa Pfefferbeeren
50 g Feldsalat
Olivenöl
4 EL Pinienkerne

1 Die Schalotte und den Knoblauch schälen, die Chili der Länge nach halbieren und entkernen. Die Zitronenschale abraspeln und den Saft der Zitrone auspressen.

2 Die Avocados aufschneiden und den Kern entfernen. Das Mark mit einem Löffel ausschaben und sofort mit Zitronensaft beträufeln. Die Chili, den Knoblauch und die Schalotte grob hacken.

3 Das Avocadomark mit dem Zitronensaft, der Chili, dem Knoblauch, der Schalotte, der Crème fraîche sowie der Gemüsebrühe in einen Messbecher geben und mit einem Pürierstab mixen.

4 Die Suppe mit Salz, Pfeffer, Paprikapulver, Zucker und Muskat abschmecken.

5 Die rosa Pfefferbeeren im Mörser zerstoßen. Den Feldsalat waschen, gründlich abtropfen lassen und mit reichlich Olivenöl, Zitronenabrieb, rosa Pfeffer, etwas Zucker und Salz marinieren.

6 Die Pinienkerne in einer Pfanne unter Rühren goldbraun rösten.

7 Die Avocadosuppe in Suppenschalen gießen, den Feldsalat darauf verteilen und die Pinienkerne darüberstreuen.

FEURIGE TOMATENSUPPE

4 Personen
Zubereitung: 25 Minuten

Einkaufsliste
1 Schalotte
2 Knoblauchzehen
500 g Datteltomaten
Olivenöl
4 EL Tomatenmark
1 EL Akazienhonig
2 EL dunkler Balsamico
250 ml Tomatensaft
500 ml Gemüsebrühe
½ Zitrone
1 Bund Schnittlauch
Salz
schwarzer Pfeffer
Zucker
4 grüne Peperoni

1 Die Schalotte und den Knoblauch schälen und fein hacken. Die Tomaten waschen, halbieren und zusammen mit dem Knoblauch und der Schalotte in Olivenöl anschwitzen.

2 Das Tomatenmark, den Honig und den Balsamico unterrühren und mit dem Tomatensaft ablöschen. Alles kurz aufköcheln lassen, mit der Gemüsebrühe aufgießen und pürieren.

3 Die Schale der Zitrone abraspeln und den Saft auspressen. Die Suppe durch ein Sieb passieren und erneut erhitzen.

4 Den Schnittlauch waschen, trocken schütteln, fein hacken und gemeinsam mit dem Zitronenabrieb zur Suppe geben. Anschließend mit Salz, Pfeffer, Zucker und Zitronensaft abschmecken und 5 Minuten leicht köcheln lassen.

5 In der Zwischenzeit die Peperoni waschen, in Ringe schneiden und mit etwas Salz und einer Prise Zucker in Olivenöl anbraten.

6 Die Suppe auf Teller verteilen, die Peperoniringe darüber verteilen und mit einigen Tropfen Olivenöl beträufeln.

BROKKOLICREMESUPPE

4 Personen
Zubereitung: 30 Minuten

Einkaufsliste
2 Kartoffeln
1 Schalotte
1 Knoblauchzehe
4 Stangen Frühlingslauch
½ kg Brokkoli
Olivenöl
1 l Gemüsebrühe
1 Stange Zitronengras
1 Vollkornbrötchen
2 EL Butter
Salz
schwarzer Pfeffer
2 EL Crème fraîche
Zucker
frisch geriebene Muskatnuss

1 Die Kartoffeln, die Schalotte und den Knoblauch schälen. Den Frühlingslauch waschen, putzen und in Ringe schneiden. Die Schalotte und den Knoblauch klein hacken. Den Brokkoli waschen, putzen und in einzelne Röschen zerteilen. Die Kartoffeln grob würfeln.

2 Die Schalotte, den Knoblauch und den Frühlingslauch in etwas Olivenöl anschwitzen. Die Kartoffelwürfel und die Brokkoliröschen dazugeben und mit der Gemüsebrühe ablöschen.

3 Das Zitronengras mit einem harten Gegenstand leicht anklopfen und zur Suppe geben. Diese 20 Minuten abgedeckt köcheln lassen.

4 In der Zwischenzeit das Vollkornbrötchen in 1 cm große Würfel schneiden und zusammen mit der Butter sowie etwas Salz und Pfeffer in einer Pfanne goldbraun rösten.

5 Wenn das Gemüse gar ist, das Zitronengras herausnehmen und die Suppe mit dem Stabmixer pürieren und mit Crème fraîche verfeinern.

6 Mit Salz, Pfeffer, Zucker und Muskat abschmecken. Auf Teller verteilen und die Vollkorncroûtons darüber verteilen.

FRUCHTIGE CURRYSUPPE
mit gebratenen Scampi

4 Personen
Zubereitung: 40 Minuten +
12 Stunden Wartezeit

Einkaufsliste
1 rote Chili
12 küchenfertige Scampi
Salz
bunter Pfeffer
Olivenöl
frisch gepresster Zitronensaft
1 Zwiebel
1 Knoblauchzehe
1 Möhre
½ Babyananas
3 EL Curry
1 EL Tomatenmark
1 EL Honig
Butter
200 g Zuckermais
1 TL frisch geriebener Ingwer
200 g gekochter Langkornreis
150 ml Ananassaft
100 ml Kokosmilch
750 ml Gemüsebrühe

1 Die Chili entkernen und fein hacken. Die Scampi mit der frisch gehackten Chili, Salz, Pfeffer, Olivenöl und frisch gepresstem Zitronensaft 12 Stunden großzügig marinieren.

2 Die Zwiebel, den Knoblauch, die Möhre und die Ananas schälen. Die Zwiebel und den Knoblauch fein hacken und die Möhre in dünne Stifte schneiden. Den Strunk der Ananas entfernen und das Fruchtfleisch in mundgerechte Würfel schneiden.

3 Die Zwiebel, den Knoblauch und die Möhrenstifte in Olivenöl anschwitzen. Das Curry, das Tomatenmark, den Honig und die Butter unterrühren und die Maiskörner, den Ingwer sowie den Reis dazugeben.

4 Alles etwa 5 Minuten leicht anbraten und mit dem Ananassaft und der Kokosmilch ablöschen. Mit der Brühe aufgießen und 10 Minuten köcheln lassen.

5 In der Zwischenzeit eine Pfanne erhitzen und die Scampi darin von jeder Seite 2 Minuten anbraten.

6 Die Suppe mit Salz und Pfeffer abschmecken, die Ananaswürfel dazugeben und 5 Minuten ziehen lassen.

7 Die Suppe auf Teller verteilen und jeweils 3 Scampi darauflegen.

MELONENKALTSCHALE
mit Schuss und Cashewnusskrokant

4 Personen
Zubereitung: 40 Minuten

Einkaufsliste
½ Cantaloupemelone
½ Galiamelone
1 Orange
1 Zitrone
1 EL Honig
150 ml weißer Rum
4 EL Cashewnüsse
3 EL Puderzucker

1 Die Melonen entkernen und das Fruchtfleisch aus der Schale lösen. Den Saft der Orange und Zitrone auspressen. Alles zusammen mit dem Honig und dem Rum in einen Messbecher geben und mit einem Mixstab pürieren.

2 Die Kaltschale anschließend mindestens eine halbe Stunde im Kühlschrank aufbewahren.

3 In der Zwischenzeit die Cashewnüsse grob hacken und zusammen mit dem Puderzucker in einer Pfanne karamellisieren, auf Backpapier geben und kurz abkühlen lassen.

4 Die ausgehärtete Masse in den Mörser geben und leicht zerstoßen.

5 Die Kaltschale auf Schüsseln verteilen und das Cashewnusskrokant darüberstreuen.

FRUCHTIGE ERDBEERKALTSCHALE

mit knusprigen Baiserstückchen

4 Personen
Zubereitung: 40 Minuten

Einkaufsliste
½ **kg Erdbeeren**
10 Blätter Minze
2 Limetten
4 EL Rohrzucker
2 Baiser
4 EL Mandelblättchen

1 Die Erdbeeren waschen, putzen und halbieren. Die Minze waschen und trocken tupfen. Die Schale der Limetten abraspeln und den Saft auspressen.

2 Die Erdbeeren, den Limettenabrieb, die Minzblätter, den Rohrzucker und den Limettensaft in einen Messbecher geben und mit dem Pürierstab mixen. Anschließend mindestens eine halbe Stunde im Kühlschrank aufbewahren.

3 In der Zwischenzeit das Baiser mit den Händen in mundgerechte Stücke zerbröseln und zusammen mit den Mandelblättchen in einer Pfanne goldbraun rösten.

4 Die Kaltschale auf Schüsseln verteilen und die gerösteten Mandelblättchen und Baiserstückchen darüber verteilen.

DIE HERBSTZEIT-LOSEN

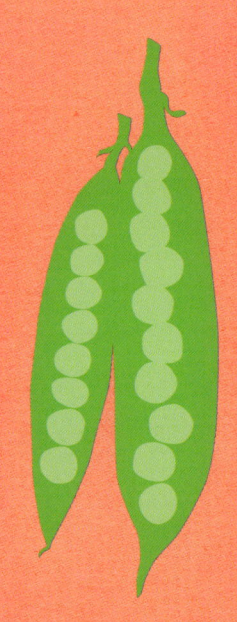

Stürmische Regentage und ein grauer Himmel, der über das bunte Herbstlaub wacht – das sind die Vorboten der Kürbiszeit. Aber nicht nur aus den leicht unheimlich anmutenden kleinen und großen Kolossen, die jetzt auf den Feldern geerntet werden, lassen sich köstliche Suppen und Eintöpfe zaubern. Auch eine süße Pflaumensuppe mit frisch gerösteten Nüssen oder ein deftiger Rübeneintopf und ein knalligpinkes Rote-Bete-Süppchen können in der manchmal düsteren Herbstwelt neue Lebensgeister wecken.

PFIFFERLINGCREMESUPPE

4 Personen
Zubereitung: 30 Minuten

Einkaufsliste
400 g frische Pfifferlinge
1 Zwiebel
1 Knoblauchzehe
150 g Bauchspeck
Olivenöl
6 EL Mehl
1 TL scharfes Paprikapulver
Salz
bunter Pfeffer
500 ml Gemüsebrühe
500 ml Milch
½ Bund Schnittlauch
100 ml Sahne
2 EL Crème fraîche
Zucker
frisch geriebene Muskatnuss

1 Die Pfifferlinge putzen, abbürsten und in kleine Stücke schneiden. Die Zwiebel und den Knoblauch schälen und mit dem Bauchspeck klein würfeln. Etwas Olivenöl in einem Suppentopf erhitzen und darin die Zwiebel, den Knoblauch und den Speck anschwitzen.

2 Die Pilze dazugeben und etwa 5 Minuten dünsten. Das Mehl, das Paprikapulver und je eine Prise Salz und Pfeffer darübergeben und ca. 1 Minute mit anbraten.

3 Mit der Gemüsebrühe ablöschen und die Milch dazugießen. Alles einmal aufkochen und 20 Minuten köcheln lassen.

4 Den Schnittlauch waschen, trocken schütteln und klein hacken. Die Suppe mit der Sahne und der Crème fraîche verfeinern. Mit Salz, Pfeffer, Zucker und Muskat abschmecken.

5 Die Hälfte des Schnittlauchs unterrühren. Die Suppe auf Teller verteilen und den übrigen Schnittlauch darüberstreuen.

FRUCHTIGE KÜRBISSUPPE

4 Personen
Zubereitung: 40 Minuten

Einkaufsliste
400 g Hokkaido-Kürbis
1 Knoblauchzehe
1 Schalotte
1 EL Butter
Olivenöl
200 ml Orangensaft
1 TL Tomatenmark
750 ml Gemüsebrühe
6 EL Ricotta
Salz
weißer Pfeffer
brauner Zucker
frisch geriebene Muskatnuss
Chiliflocken
Sahne
Kürbiskernöl

1 Den Hokkaido-Kürbis entkernen, den Strunk entfernen, das Fruchtfleisch waschen und grob in Würfel schneiden. Den Knoblauch und die Schalotte schälen und fein hacken.

2 Die Kürbiswürfel mit der Butter und dem Olivenöl im Suppentopf dünsten. Die Schalotte und den Knoblauch zufügen und mit anschwitzen. Sobald die Schalotten glasig sind und der Kürbis leicht gebräunt ist, mit dem Orangensaft ablöschen und das Tomatenmark unterrühren.

3 Mit der Gemüsebrühe aufgießen und 20 Minuten köcheln lassen. Zwischendurch umrühren, anschließend pürieren und dabei 4 EL Ricotta hinzugeben.

4 Die Suppe mit Salz, Pfeffer, Zucker, Muskat und Chiliflocken abschmecken und mit Sahne verfeinern.

5 Die Suppe auf Teller geben, den übrigen Ricotta daraufgeben und mit einigen Tropfen Kürbiskernöl beträufeln.

ROTE-BETE-APFELSUPPE

4 Personen
Zubereitung: 40 Minuten

Einkaufsliste
1 Apfel
1 Zwiebel
1 Kartoffel
1 EL Butter
Sonnenblumenöl
1 EL Ahornsirup
200 g Rote-Bete-Scheiben
100 ml Rote-Bete-Saft
500 ml Gemüsebrühe
50 ml Sahne
2 EL Crème fraîche
Salz
schwarzer Pfeffer

1 Den Apfel putzen und zusammen mit der Zwiebel und der Kartoffel schälen und würfeln. Die Butter und etwas Öl in einem Suppentopf erhitzen, darin die Zwiebel und die Kartoffel anschwitzen.

2 Den Apfel und den Ahornsirup dazugeben und alles 5 Minuten kräftig dünsten.

3 Die Rote-Bete-Scheiben untermischen und mit dem Saft der Roten Bete ablöschen. Die Gemüsebrühe dazugießen und alles 20 Minuten kochen lassen.

4 Mit einem Stabmixer pürieren und mit Sahne und 1 EL Crème fraîche verfeinern. Mit Salz und Pfeffer abschmecken.

5 Die Suppe auf Teller verteilen und mit der übrigen Crème fraîche garnieren.

ERBSENEINTOPF

4 Personen
Zubereitung: 60 Minuten +
12 Stunden Einweichzeit

Einkaufsliste
400 g getrocknete Erbsen
1 Zwiebel
1 Möhre
2 Kartoffeln
1 Zweig Bohnenkraut
1 Stängel Liebstöckel
½ Stange Lauch
1 TL getrockneter Majoran
Butter
1,5 l Fleischbrühe
100 g Bauchspeck
4 Wiener Würstchen
Salz
schwarzer Pfeffer
Zucker
Weißweinessig

1 Die Erbsen über Nacht im Wasserbad einweichen. Anschließend durch ein Sieb abgießen und abtropfen lassen.

2 Die Zwiebel, die Möhre und die Kartoffeln schälen und fein würfeln. Das Bohnenkraut und das Liebstöckel waschen, trocken schütteln und fein hacken. Den Lauch in feine Ringe schneiden und waschen.

3 Die Zwiebelwürfel und den Majoran mit Butter anschwitzen, die Kartoffeln und die Möhrenwürfel dazugeben und mit der Fleischbrühe ablöschen. Die Erbsen unterrühren und alles 20 Minuten kochen lassen.

4 In der Zwischenzeit den Bauchspeck klein würfeln und die Würstchen in dünne Scheiben schneiden. Den Speck im eigenen Fett knusprig braten.

5 Die Lauchringe, das Bohnenkraut, das Liebstöckel und die Wurstscheibchen zum Eintopf geben und weitere 10 Minuten fertig garen.

6 Den Eintopf mit Salz, Pfeffer, Zucker und Weißweinessig abschmecken und mit den krossen Speckwürfeln verfeinern.

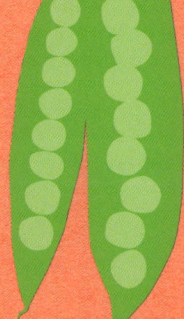

ZWIEBEL-KÄSE-SUPPE

4 Personen
Zubereitung: 20 Minuten

Einkaufsliste
4 Zwiebeln
4 EL Butter
3 EL Mehl
2 EL Honig
200 ml Gemüsebrühe
500 ml Milch
250 g Camembert
Salz
schwarzer Pfeffer
Worcestersoße
2 EL Crème double
4 Scheiben Baguette
Olivenöl
Parmesan

1 Die Zwiebeln schälen und in Ringe schneiden. Die Butter im Suppentopf schmelzen und die Zwiebelringe in Mehl und Honig karamellisieren.

2 Mit der Gemüsebrühe ablöschen, mit der Milch aufgießen und 10 Minuten aufköcheln lassen. Den Camembert in feine Würfel schneiden und die Suppe damit abbinden.

3 Mit Salz, Pfeffer und Worcestersoße abschmecken und mit Crème double verfeinern.

4 In der Zwischenzeit die Baguettescheiben mit Olivenöl beträufeln und in einer Pfanne goldbraun rösten.

5 Die Suppe auf Teller verteilen, frischen Parmesan darüberreiben und die Baguettescheiben darauflegen.

SCHARFER PAPRIKAEINTOPF
aus dem Ofen

4 Personen
Zubereitung: 30 Minuten +
90 Minuten Garzeit im Ofen

Einkaufsliste
4 bunte Paprika
Olivenöl
Salz
Zucker
1 Knoblauchzehe
1 Schalotte
1 Möhre
1 Kartoffel
300 g Schweinegulasch
1 rote Chili
200 g Champignons
Butter
2 Zweige Rosmarin
3 EL Tomatenmark
1 EL Ajvar
1 TL süßes Paprikapulver
1 TL scharfes Paprikapulver
schwarzer Pfeffer
1 l Tomatensaft
4 EL Schmant

1 Die Paprikaschoten waschen, halbieren, entkernen und mit der Schale nach oben auf ein mit Backpapier ausgelegtes Backblech legen. Mit Olivenöl beträufeln und Salz und Zucker darüberstreuen. Die Paprikahälften ca. 10 Minuten bei 200 °C Oberhitze im Ofen grillen, bis die Schale beginnt, sich schwarz zu färben.

2 In der Zwischenzeit den Knoblauch, die Schalotte, die Möhre und die Kartoffel schälen. Den Knoblauch fein hacken, die Möhre klein würfeln und die Schalotte in Ringe schneiden. Das Fleisch und die Kartoffel in 2–3 cm große Würfel schneiden. Die Chili der Länge nach aufschneiden, entkernen und fein hacken.

3 Die Champignons putzen, abbürsten und in dünne Scheiben schneiden. Anschließend Butter und Olivenöl im Suppentopf erhitzen und die Pilze darin scharf anbraten.

4 Die Schalottenringe, den Knoblauch, das Schweinefleisch und die Rosmarinzweige dazugeben und kurz anschwitzen. Anschließend das Tomatenmark, den Ajvar, die Chili, die Möhren- und die Kartoffelwürfel unterrühren und anrösten.

5 Die Paprikahälften aus dem Ofen holen, kurz abkühlen lassen und die Haut abziehen. Das Fruchtfleisch in mundgerechte Stücke schneiden und zum Eintopf geben. Alles gut umrühren.

6 Mit süßem und scharfem Paprikapulver, Salz, Pfeffer und Zucker würzen.

7 Mit Tomatensaft aufgießen und den Eintopf für 90 Minuten bei 190 °C Umluft im Ofen garen. Dabei etwa alle 20 Minuten umrühren.

8 Die Rosmarinzweige herausnehmen und den Eintopf auf Suppenteller verteilen und mit je 1 EL Schmant servieren.

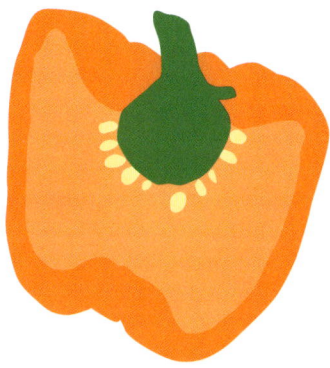

KNOBLAUCH-BASILIKUM-SUPPE

4 Personen
Zubereitung: 25 Minuten

Einkaufsliste
6 Knoblauchzehen
1 Schalotte
Olivenöl
2 EL Butter
3 EL Mehl
500 ml Gemüsebrühe
1 Bund Basilikum
100 ml Sahne
Salz
weißer Pfeffer
frisch geriebene Muskatnuss
frisch gepresster Zitronensaft
Zucker

1 Die Knoblauchzehen und die Schalotte schälen, fein hacken und in Olivenöl glasig dünsten. Die Butter hinzufügen, schmelzen und das Mehl unterrühren.

2 Mit der Gemüsebrühe ablöschen und 15 Minuten köcheln lassen.

3 In der Zwischenzeit das Basilikum waschen, trocken schütteln, einige Blätter beiseitelegen, die übrigen grob hacken und zusammen mit der Sahne zur Suppe geben. Mit dem Pürierstab schaumig mixen.

4 Anschließend mit Salz, Pfeffer, Muskat, Zitronensaft und Zucker abschmecken.

5 Die Suppe erneut aufschäumen und auf Suppenteller verteilen. Mit Basilikumblättern garnieren.

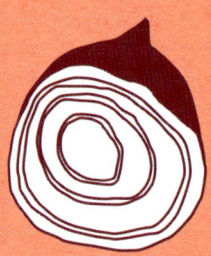

MÖHRENCREMESUPPE
mit karamellisiertem Mais

4 Personen
Zubereitung: 35 Minuten

Einkaufsliste
1 Zwiebel
6 Möhren
Olivenöl
Butter
100 ml Orangensaft
250 ml Karottensaft
2 EL Honig
1 TL frisch geriebener Ingwer
1 TL Tomatenmark
750 ml Gemüsebrühe
4 EL Dosenmais
2 EL Ahornsirup
Salz
schwarzer Pfeffer
1 Msp. Curry
½ TL scharfes Paprikapulver
1 Msp. Cayennepfeffer
1 EL Crème double

1 Die Zwiebel und die Möhren schälen, klein schneiden und in Olivenöl und Butter anschwitzen. Mit dem Orangen- und Karottensaft ablöschen und den Honig, den Ingwer sowie das Tomatenmark unterrühren. Alles einmal aufkochen lassen.

2 Mit der Gemüsebrühe aufgießen und 20 Minuten köcheln lassen.

3 In der Zwischenzeit den Mais mit dem Ahornsirup in eine Pfanne geben und braten, bis er karamellisiert.

4 Die Möhrensuppe mit einem Pürierstab mixen und mit Salz, Pfeffer, Curry, Paprikapulver und Cayennepfeffer würzen. Alles noch einmal 5 Minuten köcheln lassen und anschließend mit Crème double verfeinern.

5 Die Suppe auf Teller geben und den karamellisierten Mais darüber verteilen.

ZUCCHINICREMESUPPE

4 Personen
Zubereitung: 40 Minuten

Einkaufsliste
2 Zwiebeln
1 Knoblauchzehe
2 Kartoffeln
3 Zucchini
Butter
Olivenöl
1 l Gemüsebrühe
1 TL getrockneter Majoran
50 g Schinkenspeck
4 Scheiben Vollkorntoast
bunter Pfeffer
Zucker
Salz
frisch geriebene Muskatnuss
Weißweinessig
3 EL Crème fraîche

1 Die Zwiebeln, den Knoblauch und die Kartoffeln schälen. Die Zwiebeln und den Knoblauch fein hacken. Die Kartoffeln in ca. 1 cm große Würfel schneiden. Eine halbe Zucchini klein würfeln und beiseitelegen. Die übrigen Zucchini in grobe Stücke schneiden.

2 Die Zwiebeln und den Knoblauch mit etwas Butter und Olivenöl im Suppentopf glasig dünsten und die Kartoffelwürfel und die Zucchinistücke dazugeben. Das Gemüse kurz anrösten und mit der Gemüsebrühe ablöschen.

3 Die Suppe 20 Minuten köcheln lassen, den Majoran unterrühren und weitere 10 Minuten kochen.

4 In der Zwischenzeit den Schinkenspeck fein würfeln und den Vollkorntoast in 1 cm große Würfel schneiden. Die Zucchiniwürfel mit etwas Pfeffer und Zucker in Olivenöl anbraten. Die Butter schmelzen und die Toastwürfel in der geschmolzenen Butter goldgelb braten.

5 Die Zucchiniwürfel und den Schinkenspeck dazugeben und gemeinsam braten, bis der Speck knusprig ist und die Toastwürfel goldbraun sind.

6 Die Suppe pürieren und mit Salz, Pfeffer, Muskat, Weißweinessig und Zucker abschmecken.

7 Mit Crème fraîche verfeinern und die Suppe auf Teller verteilen. Je 1 TL Crème fraîche in die Mitte der Suppe geben und die Croûtonmischung darüber verteilen.

KARTOFFELSUPPE
mit krossen Speckwürfeln

4 Personen
Zubereitung: 45 Minuten

Einkaufsliste
2 Schalotten
400 g Kartoffeln
Olivenöl
Butter
1 EL Zucker
1 l Rinderbrühe
100 g Bauchspeck
Salz
schwarzer Pfeffer
frisch geriebene Muskatnuss
gemahlener Kümmel
1 TL getrockneter Majoran
½ TL scharfes Paprikapulver
1 Schuss Sahne
1 EL Crème fraîche

1 Die Schalotten schälen und fein hacken. Die Kartoffeln schälen und in 1–2 cm große Würfel schneiden. Die Schalotten in Olivenöl und Butter glasig dünsten, die Kartoffelwürfel und den Zucker dazugeben und leicht anrösten.

2 Mit der Rinderbrühe ablöschen und 30 Minuten köcheln lassen.

3 In der Zwischenzeit den Bauchspeck klein würfeln und im eigenen Fett knusprig braten.

4 Die Suppe mit einem Pürierstab cremig mixen und mit Salz, Pfeffer, Muskat, Kümmel, Majoran und Paprikapulver würzen. Alles noch einmal kurz aufkochen lassen.

5 Die Kartoffelsuppe mit der Sahne und Crème fraîche verfeinern und auf Suppenteller verteilen. Mit den Speckwürfeln garnieren und servieren.

DIE SCHNEE-SCHMELZER

Was mit einer kleinen Schneeflocke beginnt, endet meist in Schneestürmen und Eiszapfen, die von den Dächern hängen. Jetzt ist sie wieder da, die Saison der üppig gebauten Schneemänner, rasanten Schlittenfahrten und wilden Schneeballschlachten. Doch die eisigste Zeit des Jahres ist zugleich auch die Zeit der wohlig duftenden Gewürze und dampfenden Töpfe voller Herzenswärme, die alle Durchgefrorenen an einen Tisch bringt.

GULASCHSUPPE

4 Personen
Zubereitung: 15 Minuten +
30 Minuten Garzeit

Einkaufsliste
250 g Schweinegulasch
1 Zwiebel
2 Knoblauchzehen
3 Kartoffeln, mehlig
   kochend
1 rote Paprika
1 rote Chilischote
6 Cocktailtomaten
Olivenöl
2 EL Butter
6 EL Tomatenmark
1 TL süßes Paprikapulver
1 TL getrockneter Majoran
gemahlener Kümmel
Chiliflocken
schwarzer Pfeffer
Salz
Zucker
1,5 l Gemüsebrühe
4 TL Crème fraîche

1 Die Fleischstücke halbieren. Die Zwiebel, den Knoblauch und die Kartoffeln schälen. Die Paprika- und die Chilischote waschen und putzen. Die Zwiebel, die Kartoffeln, die Paprika und die Tomaten würfeln. Den Knoblauch und die Chili fein hacken.

2 Das Öl und die Butter in einem Topf erhitzen und das Fleisch darin scharf anbraten. Die Zwiebeln, die Kartoffeln und die Paprika dazugeben, sobald das Fleisch anfängt zu bräunen. Alles leicht anbraten und gelegentlich umrühren.

3 Das Tomatenmark, die Tomatenwürfel, das Paprikapulver, den Majoran, die Chili, den Knoblauch und jeweils eine Prise Kümmel, Chiliflocken, Pfeffer, Salz und Zucker dazugeben und 1 Minute dünsten.

4 Mit einem Schuss Brühe ablöschen, alles gut verrühren, kurz aufköcheln lassen, mit der restlichen Brühe aufgießen und zugedeckt eine halbe Stunde kochen lassen.

5 Mit Salz, Pfeffer, Zucker und Chiliflocken abschmecken. Die Suppe auf Teller verteilen und auf jede Portion 1 TL Crème fraîche geben.

BRATWURSTEINTOPF

4 Personen
Zubereitung: 40 Minuten +
60 Minuten Garzeit

Einkaufsliste
3 bunte Paprika
400 g Strauchtomaten
1 Zwiebel
3 Knoblauchzehen
3 Möhren
5 Bratwürste
250 g Champignons
1 EL Butter
Olivenöl
½ Tube Tomatenmark
1 EL getrockneter Majoran
1 EL scharfes Paprikapulver
1 EL Honig
2 EL Worcestersoße
Salz
bunter Pfeffer
Zucker
100 ml Bockbier
1 l Gemüsebrühe
½ Becher Schmant
Chiliflocken

1 Die Paprika waschen, entkernen und zusammen mit den Tomaten grob würfeln. Die Zwiebel, den Knoblauch und die Möhren schälen. Die Möhren in dünne und die Bratwürste in mundgerechte Scheiben schneiden. Die Zwiebeln und den Knoblauch fein hacken. Die Champignons abbürsten und ebenfalls in dünne Scheiben schneiden.

2 Die Bratwurstscheiben in Butter knusprig anbraten, auf einen Teller geben und beiseitestellen. Die Pilzscheiben mit etwas Olivenöl im Bratansatz scharf anbraten.

3 Den Knoblauch, die Zwiebel, die Möhrenscheiben und die Paprikawürfel zu den Pilzen geben und 5 Minuten mitbraten. Danach die Bratwurstscheiben untermischen.

4 Mit dem Tomatenmark, dem Majoran, dem Paprikapulver, dem Honig, der Worcestersoße sowie Salz, Pfeffer und Zucker würzen und alles 1–2 MInuten anrösten.

5 Mit Bier ablöschen. Die Tomatenwürfel unterrühren. Danach mit Brühe aufgießen und den Eintopf abgedeckt eine Stunde köcheln lassen. Zwischendurch gut umrühren.

6 Den Eintopf mit Schmant verfeinern und mit Salz, Pfeffer, Zucker und Chiliflocken abschmecken.

KARTOFFELEINTOPF

4 Personen
Zubereitung: 60 Minuten +
120 Minuten Garzeit

Einkaufsliste
2 Schweinerippchen
Salz
1 kg Kartoffeln, mehlig
   kochend
1 Möhre
1 Kohlrabi
1 Stange Frühlingslauch
2 EL getrockneter Majoran
½ Bund glatte Petersilie
schwarzer Pfeffer
Zucker
frisch geriebene Muskatnuss
1 EL Butter

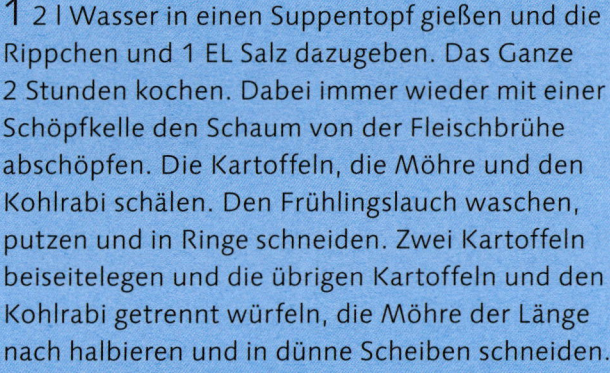

1 2 l Wasser in einen Suppentopf gießen und die Rippchen und 1 EL Salz dazugeben. Das Ganze 2 Stunden kochen. Dabei immer wieder mit einer Schöpfkelle den Schaum von der Fleischbrühe abschöpfen. Die Kartoffeln, die Möhre und den Kohlrabi schälen. Den Frühlingslauch waschen, putzen und in Ringe schneiden. Zwei Kartoffeln beiseitelegen und die übrigen Kartoffeln und den Kohlrabi getrennt würfeln, die Möhre der Länge nach halbieren und in dünne Scheiben schneiden.

2 Die Fleischbrühe erhitzen und die Kartoffelwürfel hineingeben und 20 Minuten kochen. Anschließend die Möhrenscheiben und die Kohlrabiwürfel dazugeben und weitere 10 Minuten kochen lassen.

3 Inzwischen die restlichen Kartoffeln fein reiben. Die Knochen und Knorpel aus den Rippchen auslösen und das magere Fleisch in mundgerechte Stücke schneiden.

4 Den Eintopf mit den geriebenen Kartoffeln abbinden. Den Majoran, die Fleischstücke und die Lauchringe dazugeben und 5 Minuten mit köcheln lassen.

5 Die Petersilie waschen, trocken schütteln, grob hacken und in den Eintopf geben. Mit Salz, Pfeffer, Zucker und Muskat abschmecken. Den Eintopf mit Butter verfeinern und servieren.

KOHLRÜBENSUPPE

mit würzigen Kasselerwürfeln

4 Personen
Zubereitung: 50 Minuten

Einkaufsliste
1 Kohlrübe
2 Kartoffeln
1 Möhre
2 l Rinderbrühe
1 EL Kümmelsamen
½ Bund glatte Petersilie
2 Scheiben Kasseler
1 EL Butter
schwarzer Pfeffer
Zucker
Salz
1 EL getrockneter Majoran

1 Die Kohlrübe, die Kartoffeln und die Möhre schälen. Die Hälfte der Kohlrübe zusammen mit der Möhre fein raspeln. Die Kartoffeln und die restliche Kohlrübe in 1–2 cm große Würfel schneiden.

2 Die Kohlrüben- und Kartoffelwürfel in die Rinderbrühe geben und erhitzen. Nach 20 Minuten Garzeit die feinen Möhren- und Kohlrübenraspel hinzufügen und weitere 10–20 Minuten garen.

3 In der Zwischenzeit Kümmelsamen im Mörser grob zerstoßen und die Petersilie waschen, trocken schütteln und grob hacken. Das Kasseler 1 cm groß würfeln und zusammen mit Butter, Kümmel und Petersilie anbraten. Mit etwas schwarzen Pfeffer und Zucker würzen.

4 Wenn das Gemüse gar ist, die Suppe mit Salz, Pfeffer, Zucker und Majoran abschmecken. Auf Teller verteilen und die Kasselerwürfel darübergeben.

GRÜNER BOHNENEINTOPF

4 Personen
Zubereitung: 70 Minuten +
10 Minuten Garzeit

Einkaufsliste
1 Markknochen
200 g Bauchspeck
400 g Prinzessbohnen
2 Möhren
1 Kartoffel
1 Knoblauchzehe
500 ml Gemüsebrühe
1 Apfel
2 EL Mehl
1 Zweig Liebstöckel
1 Zweig Bohnenkraut
1 TL Butter
Salz
schwarzer Pfeffer
Tafelessig
Zucker
1 TL gemahlener Kümmel

1 Den Markknochen und den Bauchspeck in 1 ½ l Wasser 30 Minuten abgedeckt kochen.

2 In der Zwischenzeit die Prinzessbohnen waschen, putzen und halbieren. Die Möhren, die Kartoffel und die Knoblauchzehe schälen. Die Möhre in dünne Scheiben schneiden und die Kartoffel klein würfeln.

3 Den Bauchspeck und den Markknochen aus der Brühe nehmen und diese durch ein sauberes Tuch filtern. Die Bohnen, die Kartoffelwürfel, die Möhren und die Knoblauchzehe zusammen mit Gemüsebrühe dazugeben und eine weitere halbe Stunde garen.

4 Währenddessen den Apfel schälen, entkernen und zusammen mit dem Bauchspeck in mundgerechte Stücke schneiden. Nebenbei das Mehl in einer Pfanne ohne zusätzliches Fett bräunen.

5 Den Bauchspeck, die Apfelwürfel, das Mehl, das Liebstöckel und das Bohnenkraut zum Eintopf geben und noch ca. 10 Minuten mit köcheln lassen.

6 Mit Butter verfeinern und mit Salz, Pfeffer, Essig, Zucker und Kümmel abschmecken. Die Knoblauchzehe, das Bohnenkraut und den Liebstöckelzweig herausnehmen und den Eintopf auf Teller verteilen.

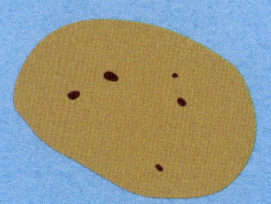

SAURE ERDÄPFELSTÜCKE

4 Personen
Zubereitung: 40 Minuten +
2 Stunden Garzeit +
12 Stunden Wartezeit

Einkaufsliste
3 Suppenzwiebeln
1 Eisbein
8 Pimentkörner
3 Lorbeerblätter
4 Gewürznelken
Salz
½ kg Kartoffeln
3 EL Tafelessig
200 ml Weißwein
weißer Pfeffer
Zucker
frisch geriebene Muskatnuss

1 Die Zwiebeln schälen, halbieren und grob würfeln. Das Eisbein zusammen mit den Zwiebelstücken, den Pimentkörnern, den Lorbeerblättern, den Nelken sowie 2 l Wasser und 1 EL Salz 2 Stunden kochen. Zwischendurch immer wieder mit einer Schaumkelle den Schaum an der Wasseroberfläche abschöpfen.

2 Nach dem Kochen den Sud über Nacht ca. 12 Stunden ziehen lassen.

3 Die Kartoffeln schälen und in mundgerechte Stücke schneiden. Das Eisbein aus dem Sud nehmen, das Fett und die Knorpel entfernen, das magere Fleisch klein schneiden und beiseitelegen.

4 Den Sud durch ein Sieb abgießen, in einem Suppentopf auffangen und erneut erhitzen. Die Kartoffelstücke, den Essig und den Weißwein hineingeben und alles 30 Minuten kochen.

5 Die Fleischstücke zur Suppe geben und diese mit Salz, Pfeffer, Zucker und Muskat abschmecken.

WURSTGULASCHEINTOPF

4 Personen
Zubereitung: 60 Minuten +
12 Stunden Wartezeit

Einkaufsliste
2 Zwiebeln
2 Knoblauchzehen
2 Kartoffeln
2 Möhren
1 gelbe Paprika
1 rote Paprika
2 Fleischtomaten
2 EL Butter
Olivenöl
400 g Geflügelfleischwurst
100 g Kochschinken
2 EL mittelscharfer Senf
½ Tube Tomatenmark
Zucker
1,5 l Gemüsebrühe
½ TL getrockneter Majoran
1 TL süßes Paprikapulver
Salz
schwarzer Pfeffer

1 Die Zwiebeln, die Knoblauchzehen, die Kartoffeln und die Möhren schälen. Den Knoblauch in hauchdünne Scheiben schneiden; die Zwiebeln halbieren und in dünne Ringe schneiden. Die Kartoffeln in mundgerechte Stücke würfeln und die Möhren in dünne Scheiben schneiden. Die Paprika waschen, entkernen und in dünne Streifen schneiden.

2 Die Tomaten kreuzweise einritzen und in kochendem Wasser 1 Minute blanchieren. In Eiswasser abschrecken und die Haut abziehen. Das Fruchtfleisch der Tomaten würfeln.

3 Die Kartoffeln, die Möhren, die Zwiebelringe und den Knoblauch in Butter und Olivenöl in einem Suppentopf anschwitzen.

4 Die Geflügelwurst pellen und in Scheiben schneiden, den Kochschinken klein würfeln und separat mit etwas Olivenöl scharf anbraten und zu dem bereits angeschwitzten Gemüse geben.

5 Die Paprikastreifen im Bratensatz mit Senf, Tomatenmark und etwas Zucker anbraten. Die Tomatenwürfel untermischen, alles kurz einköcheln lassen und zusammen mit der Gemüsebrühe zum Eintopf geben.

6 Unter Rühren aufköcheln lassen und mit Majoran, Paprikapulver, Salz, Pfeffer und Zucker kräftig abschmecken.

7 Etwa 20–30 Minuten weiter köcheln lassen und anschließend 12 Stunden ziehen lassen.

SCHARFE KOHLSUPPE
mit knusprigen Mettwurstscheiben

4 Personen
Zubereitung: 50 Minuten

Einkaufsliste
2 Kartoffeln
1 Zwiebel
½ Weißkohl
1 rote Chili
1 EL Kümmel
1 EL süßes Paprikapulver
1 EL getrockneter Majoran
1 EL Butter
1,5 l Gemüsebrühe
Salz
weißer Pfeffer
Zucker
2 Zweige Liebstöckel
100 g Mettwürstchen

1 Die Kartoffeln und die Zwiebel schälen, die äußersten Blätter vom Kohl entfernen und den Strunk herausschneiden. Den Kohl in dünne Streifen schneiden, die Kartoffeln ca. 2 cm groß würfeln. Die Chili entkernen und zusammen mit der Zwiebel fein hacken.

2 Die Zwiebel, die Chili, den Kohl, den Kümmel, das Paprikapulver und den Majoran kräftig in der Butter anschwitzen und so lange rösten, bis das Gemüse zu bräunen beginnt.

3 Die Kartoffelwürfel dazugeben, mit Gemüsebrühe ablöschen und mit Salz, Pfeffer und Zucker würzen, die Liebstöckelzweige hinzufügen und die Suppe 40 Minuten kochen lassen.

4 In der Zwischenzeit die Mettwürstchen ohne zusätzliches Fett knusprig braten.

5 Den Liebstöckel aus der Suppe nehmen und diese abschmecken. Auf Teller verteilen und die knusprigen Wurstscheiben darübergeben.

BROTSUPPE

4 Personen
Zubereitung: 25 Minuten

Einkaufsliste
2 Scheiben Pumpernickel
2 Vollkornbrötchen
3 EL Mehl
1 Zwiebel
1 Knoblauchzehe
Olivenöl
150 ml Schwarzbier
1 l Gemüsebrühe
½ TL getrockneter Majoran
Salz
schwarzer Pfeffer
Zucker
½ Bund glatte Petersilie
4 TL Sahne

1 Den Pumpernickel zerbröseln und die Vollkornbrötchen in 2 cm große Würfel schneiden. Das Mehl in einer Pfanne ohne Fett unter Rühren braun rösten.

2 Die Zwiebel und den Knoblauch schälen und fein hacken. Die Brotwürfel und den Pumpernickel in Olivenöl anrösten. Die Zwiebel und den Knoblauch hinzufügen, mitbraten und, sobald die Zwiebeln zu bräunen beginnen, mit Bier ablöschen.

3 Mit der Brühe aufgießen, den Majoran dazugeben und 5 Minuten aufkochen lassen.

4 Die Suppe mit Salz, Pfeffer, Zucker und geröstetem Mehl abschmecken.

5 In der Zwischenzeit die Petersilie waschen, trocken schütteln und klein hacken.

6 Die Suppe auf Teller verteilen, je 1 TL Sahne daraufgeben und die frische Petersilie darüberstreuen.

DEFTIGER LINSENEINTOPF

4 Personen
Zubereitung: 60 Minuten +
12 Stunden Einweichzeit

Einkaufsliste
400 g braune Linsen
2 Kartoffeln
1 Möhre
2 l gekörnte Brühe
1 Lorbeerblatt
1 EL getrockneter Majoran
1 Zweig Liebstöckel
1 EL Tomatenmark
1 Backpflaume
1 Blutwurst Hausmacher Art
100 g Bauchspeck
2 Wiener Würstchen
1 EL Griebenschmalz
3 EL Mehl
Salz
schwarzer Pfeffer
Zucker
Weißweinessig
½ Bund glatte Petersilie

1 Die Linsen waschen und über Nacht in kaltem Wasser einweichen. Danach in ein Sieb gießen und ausreichend abtropfen lassen.

2 Die Kartoffeln und die Möhren schälen und klein würfeln. Anschließend zusammen mit den Linsen, der Brühe, dem Lorbeerblatt, dem Majoran, dem Liebstöckel, dem Tomatenmark und der Backpflaume 40 Minuten kochen.

3 In der Zwischenzeit die Blutwurst pellen und gemeinsam mit dem Bauchspeck in 1 cm große Würfel schneiden. Die Wiener Würstchen in Scheiben schneiden und danach alle Fleisch- und Wurstsorten zusammen kräftig mit etwas Griebenschmalz anbraten.

4 Das Mehl ohne Fett in einer Pfanne braun rösten und den Eintopf damit abbinden. Anschließend mit Salz, Pfeffer, Zucker und Weißweinessig abschmecken.

5 Nebenbei die Petersilie waschen, trocken schütteln und fein hacken.

6 Das Lorbeerblatt, den Liebstöckelzweig und die Backpflaume aus dem Eintopf entfernen und diesen auf Teller verteilen. Die gebratenen Wiener Würstchen, die Blutwurst und den Bauchspeck über den Eintopf verteilen und mit Petersilie bestreuen.

DIE
ALLROUNDER

Sie passen in jede Jahreszeit und sind nicht auf das Obst oder Gemüse der Saison angewiesen. Mit einfachen Mitteln kann man sie das ganze Jahr über zubereiten und genießen, egal ob als Gesundmacher bei Erkältung & Co. oder pures Genussmittel für den wahren Feinschmecker unter den Eintopf- und Suppenliebhabern.

CURRY-RAMEN
mit Einlage

4 Personen
Zubereitung: 25 Minuten

Einkaufsliste
300 g Ramen-Nudeln
2 Knoblauchzehen
2 Stangen Frühlingslauch
4 TL frisch geriebener Ingwer
Sonnenblumenöl
4 EL Mehl
4 EL Curry
1 TL bunter Pfeffer
1 EL Chiliflocken
1 l Geflügelbrühe
4 EL Sesam
4 gekochte Eier
8 Scheiben Schinkenspeck
8 EL Mungobohnensprossen
4 TL geröstetes Sesamöl

1 Die Ramen in kochendes Wasser geben, 10 Minuten ziehen lassen, in ein Sieb abgießen, trocken schütteln und auf Suppenschalen verteilen.

2 Den Knoblauch schälen und fein hacken. Den Frühlingslauch waschen, putzen und in Ringe schneiden. Die grünen Lauchringe beiseitelegen.

3 Den Knoblauch, den Ingwer und die weißen Lauchringe in einem Suppentopf mit etwas Öl anschwitzen. Das Mehl, das Curry, den Pfeffer und die Chiliflocken dazugeben und mitdünsten.

4 Mit der Geflügelbrühe ablöschen und 5 Minuten köcheln.

5 Den Sesam ohne Öl in einer Pfanne mit Deckel rösten.

6 Die Eier schälen und längs halbieren. Den Schinkenspeck in einer Pfanne knusprig ausbraten. Die Gewürzbrühe auf die Suppenschalen verteilen.

7 Mit Eihälften, Schinkenspeck, Mungobohnensprossen und grünen Lauchringen garnieren und Sesam und Sesamöl darüber verteilen.

KLASSISCHE SOLJANKA

4 Personen
Zubereitung: 30 Minuten +
60 Minuten Garzeit

Einkaufsliste
1 rote Paprika
2 Zwiebeln
1 Knoblauchzehe
6 Rispentomaten
7 Gewürzgurken
6 Wiener Würstchen
4 Bockwürste
Sonnenblumenöl
4 EL Tomatenmark
1 TL süßes Paprikapulver
1 TL Zucker
½ TL getrockneter Majoran
250 ml Gewürzgurken-Sud
500 g Dosentomaten
200 ml Tomatenketchup
3 Pimentkörner
1 Lorbeerblatt
3 EL Tafelessig
Salz
bunter Pfeffer
Chiliflocken

1 Die Paprika waschen und entkernen. Die Zwiebeln und den Knoblauch schälen. Die Tomaten, die Zwiebeln, die Gewürzgurken und die Paprika in 1 cm große Würfel schneiden. Die Wiener Würstchen in Scheiben schneiden und die Bockwürste der Länge nach halbieren und ebenfalls würfeln. Den Knoblauch fein hacken.

2 Die Wiener Würstchen, die Bockwürste, die Paprika und die Zwiebeln mit etwas Öl im Suppentopf anbraten. Die Gewürzgurken und den Knoblauch dazugeben. Das Tomatenmark, das Paprikapulver, den Zucker und den Majoran untermischen und eine Minute mitrösten.

3 Mit dem Sud der Gewürzgurken ablöschen. Die Dosentomaten und das Tomatenketchup unterrühren. Mit 2 l Wasser aufgießen, die Pimentkörner und das Lorbeerblatt dazugeben und die Soljanka eine Stunde köcheln lassen. Dabei etwa alle 15 Minuten umrühren.

4 Nach dem Kochen die Soljanka mit Essig, Salz, Pfeffer und Chiliflocken abschmecken.

5 Für ein besonders intensives Aroma sollte man die Soljanka über Nacht ziehen lassen und erneut erwärmen.

6 Das Lorbeerblatt und die Pimentkörner vor dem Servieren entfernen.

KRÄUTERFLÄDLESUPPE

4 Personen
Zubereitung: 30 Minuten

Einkaufsliste
1 Bund glatte Petersilie
150 g Mehl
300 ml Milch
½ TL Backpulver
2 Eier
Salz
schwarzer Pfeffer
Zucker
frisch geriebene Muskatnuss
Sonnenblumenöl
1 Zwiebel
1 kleine Möhre
20 g Butter
4 Stängel Schnittknoblauch
1 TL getrockneter Majoran
1,5 l Gemüsebrühe

1 Die Petersilie waschen, trocken schütteln und die Hälfte davon grob hacken. Das Mehl, die Milch, das Backpulver und die Eier zu einem glatten Teig verrühren. Mit Salz, Pfeffer, Zucker und Muskat würzen. Die Petersilie untermischen.

2 Eine Pfanne erhitzen und mit Öl ausstreichen. Eine Schöpfkelle Teig hineingeben und gleichmäßig verteilen. Den Teig stocken und leicht bräunen lassen. Vorsichtig wenden, ohne den Pfannkuchen zu zerreißen, und von der anderen Seite anbräunen. Den Pfannkuchen aus der Pfanne nehmen, auf einem Teller abkühlen lassen und die vorherigen Schritte mit dem übrigen Teig wiederholen, bis er aufgebraucht ist.

3 Die Zwiebel und die Möhre schälen und fein würfeln. Die Butter in einen Suppentopf geben und die Gemüsewürfel darin mit je einer Prise Zucker und Salz anschwitzen. Den Schnittknoblauch waschen, trocken schütteln und mit der übrigen Petersilie fein hacken.

4 Den Majoran, die Petersilie und den Schnittknoblauch dazugeben und ca. 2 Minuten dünsten. Mit Gemüsebrühe ablöschen, 5 Minuten köcheln lassen und mit Salz, Pfeffer, Zucker und Muskat abschmecken.

5 Die Kräuterpfannkuchen halbieren und in ca. 1 cm breite Streifen schneiden. Auf Teller verteilen und die Brühe darübergießen.

KRÄUTERMEHLGRAUPEN

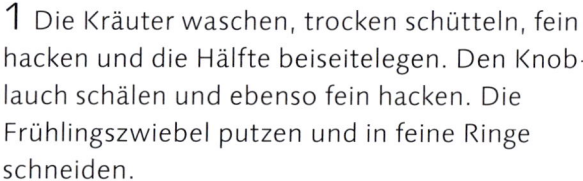

4 Personen
Zubereitung: 15 Minuten

Einkaufsliste
6 Salbeiblätter
1 Bund glatte Petersilie
2 Stängel Dill
4 Stängel Koriander
½ Bund Schnittlauch
1 kleine Knoblauchzehe
1 Frühlingszwiebel
4 Eier
Salz
schwarzer Pfeffer
frisch geriebene Muskatnuss
8 EL Mehl
1,5 l Gemüsebrühe

1 Die Kräuter waschen, trocken schütteln, fein hacken und die Hälfte beiseitelegen. Den Knoblauch schälen und ebenso fein hacken. Die Frühlingszwiebel putzen und in feine Ringe schneiden.

2 Die Eier aufschlagen, mit Salz, Pfeffer und Muskat würzen und mit den Kräutern, den Frühlingszwiebelringen und dem Knoblauch vermengen. Das Mehl durch ein Sieb geben und unter die Eier rühren. Alles mit einem Schneebesen zu einer glatten Masse verrühren, so dass keine Klümpchen entstehen.

3 Die Gemüsebrühe im Suppentopf erhitzen und einmal kurz aufkochen lassen.

4 Die Kräutermasse in die heiße Brühe geben, kurz stocken lassen und vorsichtig umrühren. Nicht mehr kochen!

5 Die Suppe ca. 7 Minuten ziehen lassen und anschließend servieren. Die übrigen gehackten Kräuter darüberstreuen.

MAIS-SENF-SÜPPCHEN

mit knusprigen Cabanossi-Scheiben

4 Personen
Zubereitung: 25 Minuten

Einkaufsliste
400 g Zuckermais
1 Zwiebel
1 Knoblauchzehe
Olivenöl
1 EL Butter
1 EL Senfkörner
½ TL Kurkuma
1 EL Honig
6 EL mittelscharfer Senf
1 l Gemüsebrühe
1 Cabanossi-Wurst
schwarzer Pfeffer
Salz
4 Spritzer Worcestersoße
frisch gepresster Zitronensaft
1 TL süßes Paprikapulver
4 TL süßer Senf

1 Die Maiskörner vom Kolben schneiden. Die Zwiebel und den Knoblauch schälen, fein hacken und in Olivenöl und Butter anschwitzen.

2 Die Senfkörner im Mörser zerstoßen. Den Zuckermais, die Kurkuma und die Senfkörner in den Topf geben und 1 Minute mitdünsten.

3 Den Honig und den mittelscharfen Senf unterrühren und kurz anrösten. Mit Gemüsebrühe ablöschen und die Suppe 10 Minuten köcheln lassen.

4 In der Zwischenzeit die Cabanossi in Scheiben schneiden und ohne zusätzliches Fett knusprig braten.

5 Die Suppe mit dem Stabmixer pürieren und mit Pfeffer, Salz, Worcestersoße, Zitronensaft und Paprikapulver abschmecken.

6 Das Mais-Senf-Süppchen auf Teller geben und die Cabanossi-Scheiben mittig darauf anrichten. Etwas süßen Senf über alle Teller verteilen und servieren.

REGISTER VON A–Z

EINTÖPFE

SUPPEN

DANKSAGUNG

Zunächst einmal möchte ich allen danken, die
dieses Buch gekauft und ihm einen Platz in ihrer
Kochbuchsammlung gegeben haben.
Außerdem möchte ich all denen danken, die mich
bei diesem Buch so tatkräftig unterstützt haben.
Allen voran meine Lektorin, die sehr geduldig mit
mir war. Und natürlich auch dem Verlag und
seinem Team.
Des Weiteren danke ich meiner Familie, die alle
Probegerichte so mutig verkostet und beurteilt hat.
Mein besonderer Dank gilt meiner guten Freundin
Patrisha, die mir den nötigen Anstoß und die Kraft
gegeben hat, um dieses Projekt überhaupt zu
verwirklichen und bis zum Schluss durchzuziehen.

DIE AUTORIN

Isabella Grey lebt in Thüringen. Schon seit ihrem
15. Lebensjahr steht sie am Herd, um sich, ihrer
Familie und Freunden jeden Tag neue Gaumen-
freuden zu bereiten. 2011 entschloss sie sich, mit
ihren Rezepten nun auch den Einstieg als Koch-
buchautorin zu wagen, um ihre Leidenschaft für
das Kochen auch mit anderen Menschen zu teilen.

BILDNACHWEIS

Sämtliche Fotos stammen von Chandima Soysa,
Stuttgart.